LES MISSIONS ANGLAISES

EN ALGÉRIE

EXTRAIT DE *LA NOUVELLE REVUE*

DU 1er MARS 1893

GANNAT

IMPRIMERIE & PAPETERIE F. MARION

GRANDE-RUE, RUE ET PLACE DU CHATEAU

1893

LES MISSIONS ANGLAISES

EN ALGÉRIE

LES MISSIONS ANGLAISES

EN ALGÉRIE

EXTRAIT DE *LA NOUVELLE REVUE*

DU 1er MARS 1893

GANNAT

IMPRIMERIE & PAPETERIE F. MARION

GRANDE-RUE, RUE ET PLACE DU CHATEAU

1893

LES MISSIONS ANGLAISES

EN ALGÉRIE

Une question mérite un sérieux examen : celle du développement croissant de l'influence que procurent à leur pays les missions protestantes.

L'Angleterre est une nation favorisée entre toutes. Elle a toujours eu, en effet, la bonne fortune d'avoir à son service de merveilleux instruments, à disséminer aux quatre coins du monde, pour le plus grand bienfait de la civilisation, mais surtout de la mère patrie.

Depuis vingt-trois ans (1869) que la maison protestante de Mild-May a été fondée à Londres par sir Pennefather, l'Angleterre possède là, dans les femmes qui seules y sont admises, de véritables agents, doués d'une finesse, d'une perspicacité et d'une souplesse peu communes.

Les diaconesses de Mild-May se recrutent dans toutes les classes de la société, mais surtout dans les classes élevées et riches. N'entre pas du reste qui veut dans la corporation ; il faut pour cela le consentement de la femme du fondateur, qui a la haute direction de la maison mère et de tous les établissements qui en dépendent, tant à Londres que dans le reste de l'Angleterre (1). Ce consentement n'est pas toujours facile à obtenir ; dans tous les cas il n'est donné qu'après enquête préalable et à bon escient. Muni du consentement de mistress Pennefather, on va faire dans une dépendance de Mild-May, à Probation-House (2), un premier noviciat d'une durée plus ou moins longue (3), selon

---

(1) A Londres, il y a vingt-quatre maisons, écoles, hôpitaux, asiles, noviciats et quatorze autres dans le reste de l'Angleterre, qui dépendent de Mild-May

(2) 114, Newington green road.

(3) Un mois est le laps de temps réglementaire.

les aptitudes de chacun. Ce noviciat, qui ne peut être comparé
à aucun de ceux qui sont en usage dans la religion catholique,
est d'abord une sorte d'initiation technique, pour les soins à
donner aux malades et les méthodes d'instruction à employer.
Il devient ensuite, à Mild-May même et dans une de ses succur-
sales (1), beaucoup plus sérieux et beaucoup plus diplomatique
que religieux. Si la religion, en effet, entre pour une grande
part dans les vues de la corporation, elle n'est pas cependant
l'unique objectif.

Une distinction profonde, capitale, est à faire de prime abord,
entre les deux buts poursuivis par l'œuvre de Mild-May.

Il y a là, une œuvre locale et une œuvre de prosélytisme
national.

De la première, qui sert a dissimuler la seconde, une simple
esquisse suffira. C'est surtout pour elle qu'à été institué un noviciat d'un mois à Probation-House. C'est elle qui, rayonnant dans
Londres par ses écoles, ses hôpitaux, ses asiles, ses orphelinats,
s'étend sur toute l'Angleterre, à l'instar de nos maisons religieuses de femmes en France. Dans ces maisons, en effet, se
donne l'enseignement scolaire, moral, religieux et médical ;
c'est là également que l'on prépare et distribue les médicaments,
et que l'on confectionne des vêtements pour les pauvres. Le but
principal est d'instruire l'enfance et la jeunesse, de soulager les
malheureux, de les visiter et de leur faire des distributions de
secours à domicile. Telle est la première partie de l'œuvre.
L'autre est infiniment plus importante, et c'est de celle-là
seulement que nous nous occuperons.

L'œuvre de prosélytisme national de Mild-May est puissante et puissamment organisée. C'est pour cette œuvre que Mild-
May est vraiment une sorte de couvent, où vont se réfugier les
précoces désabusées de la vie, ainsi que les âmes ardentes,
animées de la passion des aventures et qui rêvent de conquérir
au vrai Dieu tout ce qui n'est pas chrétien, tout ce qui est idolâtre.

Assujetties à une règle fort douce, les jeunes filles et les
jeunes femmes qui entrent à Mild-May ne prononcent aucun
vœu. Mais, sans faire de vœux, beaucoup restent fort longtemps
dans la corporation, elles peuvent même y rester pendant toute
leur existence. Actuellement il y a, dans la maison mère, des
diaconesses qui y sont depuis seize et dix-huit ans.

(1) 119, Cadogan Terrace, — Victoria Park.

Pendant le grand noviciat, qui dure de dix-huit mois à deux ans, car il faut apprendre surtout les langues orientales, leur vie s'écoule doucement, partagée entre l'étude, la méditation, la prière. La grande et simple maison de Mild-May Park offre d'ailleurs tout le confort désirable ; elle possède notamment une belle salle de conférence, qui peut contenir plus de mille personnes, et qui souvent est trop petite pour la foule qui s'y presse. Chaque pensionnaire peut, en dehors des heures d'études, mettre librement à profit ses talents d'agrément : peinture, broderie, etc., qui sont une source de revenus de plus pour la maison. C'est la grande période de recueillement qui précède l'entrée en campagne, avec toutes ses péripéties, toutes ses agitations, toutes ses aventures. Celles qui restent toujours dans les maisons d'orphelins, dans les écoles, dans les hôpitaux, dans les refuges qu'elles ont créés, forment en effet l'exception. La grande majorité, qui est animée du souffle généreux du prosélytisme, n'a d'autre désir que celui de s'expatrier.

Ces vaillantes femmes ne demandent qu'à donner libre cours à leurs aspirations qui les entraînent vers l'inconnu, avec le but souverainement élevé qu'elles se sont proposé : conquérir des âmes pour le divin créateur, faire connaître et aimer l'Angleterre, par les bienfaits qu'elles répandent à profusion autour d'elles, partout où elles vont s'établir.

C'est avec l'intrépidité d'âmes vraiment pénétrées d'une mission divine et inconscientes de tout danger, que les diaconesses se lancent dans la lutte. Elles s'y précipitent seules, avec une énergie, une abnégation au-dessus de tout éloge. On ne peut, certes, que s'incliner devant le sublime dévouement de nos religieuses et devant les services immenses qu'elles rendent à l'humanité ! Mais, si nos religieuses ont bien le même entrain, la même hauteur de vue, la même persistance dans l'effort, la même abnégation, seraient-elles néanmoins capables d'entreprendre isolément, les mêmes choses que les diaconesses ? Non. Ceci provient, non pas d'une infériorité morale qui ne saurait exister, mais de l'éducation.

En Angleterre, l'éducation est, en effet, bien différente de la nôtre, et cette éducation si différente découle du génie des deux peuples, si profondément dissemblable. Il en résulte, en France, un manque assez complet d'initiative dans la jeunesse. L'éducation est ainsi comprise, que l'on semble vouloir étouffer, dès le principe, tout germe d'indépendance et tout germe d'originalité ;

on veut faire des produits uniformes et comme coulés dans le
même moule. Ceci est très pratique au point de vue de la repro-
duction artistique, lorsque le moule est bon, mais pour l'éducation, c'est une pitoyable chose, et le véritable aveu d'une infériorité qui cependant ne saurait être admise. Il faut donc s'en
prendre aux méthodes, à la routine qui empêche de les changer
ou même de les modifier, bien qu'elles soient reconnues mau-
vaises ou simplement défectueuses.

Dès la plus tendre enfance, l'on cherche, en Angleterre,
à développer l'esprit d'initiative, à lui donner le plus complet et le plus libre essor. C'est une véritable culture intensive
du développement de l'individualisme d'une part, tandis que,
de l'autre, c'est sa suppression. Qu'en résulte-t-il ? En France,
il faut de longues années à la jeunesse pour rompre ses
lisières, et aux natures d'élites seules il est donné de percer
de bonne heure ; toutes les autres cherchent en tâtonnant,
une voie qu'elles ne peuvent arriver à trouver et à s'ouvrir,
sans le secours d'autrui. Voilà donc une différence énorme,
capitale.

Avec l'éducation française, chacun compte un peu sur son
voisin. En Angleterre, où l'on a l'esprit très positif, le voisin
n'existe pas, chacun ne compte que sur soi-même et sait être
patient. Voilà le secret de cette magnifique expansion coloniale,
voilà le secret de ces entreprises audacieuses, qui souvent
nous étonnent et voilà surtout le secret de la réussite de ces
entreprises.

A Mild-May, l'on développe encore, si c'est possible, l'individualisme de la diaconesse. Elle subit un véritable entraînement
moral et lorsqu'elle sort de la maison mère, elle est armée de
pied en cap pour tous les combats de la vie, elle possède l'ar-
mure la mieux trempée, la plus invulnérable : la volonté, dou-
blée de la réflexion.

C'est ainsi que nous voyons de frêles jeunes filles, au seuil
de la vie et déjà aussi expérimentées que des hommes, se
diriger seules et sans faux pas, surmonter difficultés et
obstacles, avec une rare énergie, une rare persévérance et
d'un pas égal, marcher en négligeant les ronces du chemin,
droit au but qu'elles se proposent et qu'elles atteignent presque
toujours.

En dehors de mistress Pennefather, qui a la haute main sur
tous les établissements, les chefs hiérarchiques n'existent pour
ainsi dire pas, bien que chaque maison ait sa superintendante.

Ceci provient encore de cet amour excessif et raisonné des Anglais pour la liberté, qui ressemble si peu à celui que nous professons. Ce que nous aimons, c'est surtout le mot de liberté. Une fois prononcé, nous sommes disposés à tout subir sous ce nom magique, même la tyrannie la plus écrasante ; comme du sable lancé dans les yeux, le mot nous aveugle. Il n'en est pas de même de l'Anglais ; peu lui importe le mot, pourvu qu'il ait la chose.

Si l'instruction de la diaconesse est suffisante au bout de dix-huit mois, on n'attend pas la fin de la deuxième année et on lui ouvre toutes grandes les portes de Mild-May, afin qu'elle parte pour les missions.

Les diaconesses ne sont jamais moins de deux ou trois dans chaque poste, et l'une d'elles est souvent mariée à un pasteur faisant partie d'une autre mission. Sans être liées envers aucune autorité, elles sont cependant, dans une certaine mesure, sous la protection d'un mentor, qui est la diaconesse qui, depuis le plus longtemps, appartient à l'établissement. La direction et l'impulsion sont néanmoins uniques et Mild-May est en communion d'idées parfaite avec la mission du nord de l'Afrique spécialement, dont le siège se trouve à Londres, 19 et 21, Linton Road, Barking, mission qui est la souveraine inspiratrice pour les choses d'Algérie.

Cette dernière mission, qui est très ouverte, a une origine assez récente, car elle n'a été fondée qu'en 1881 par MM. Georges Pearse, Grattan Guinness et Ed. H. Glenny. Elle comprend indistinctement des hommes et des femmes. L'admission est beaucoup plus facile qu'à Mild-May, bien qu'au lieu de dépendre d'une seule personne, elle dépende d'un comité de neuf membres.

Ici l'on ne s'attache plus à la fortune, ou beaucoup moins ; l'on ne considère que l'honorabilité et la capacité personnelles. Si l'on peut subvenir à ses besoins, la mission ne donne aucune allocation ; dans le cas contraire, elle alloue une somme qui est variable chaque mois, car elle dépend uniquement des dons plus ou moins nombreux, plus ou moins généreux que l'on reçoit. Ces dons, purement volontaires, car l'on ne quête pas en Angleterre comme en France, sont indifféremment des dons en nature et des dons en argent. Ces derniers sont néanmoins de beaucoup les plus considérables et, ainsi qu'on peut le voir par le tableau des douze derniers mois, les ressources ne manquent pas à Linton Road.

Les recettes, en effet, ont été les suivantes :

		Livres.	Schellings.	Deniers.		
1891.	— Août	565.	4.	9	=	14 130f90
	— Septembre	422.	15.	3	=	10 569 05
	— Octobre	392.	16.	7	=	9 820 70
	— Novembre	565.	15.	3	=	14 144 05
	— Décembre	360.	14.	11	=	9 018 65
1892.	— Janvier	561.	11.	8	=	14 039 55
	— Février	420.	6.	8	=	10 508 30
	— Mars	386.	17.	3	=	9 671 55
	— Avril	557.	7.	7	=	13 934 45
	— Mai	919.	15.		=	22 993 75
	— Juin	309.	17.	1	=	7 746 35
	— Juillet	459.	17.	3	=	11 496 55
Total. . . .		5 922.	19.	3	=	148 073 75

rien que pour les dons en argent ; ce qui représente par mois une somme de : 493 livres, 11 schellings, 7 deniers, autrement dit : 12339 fr. 45, pour un personnel qui s'entretient presque entièrement lui-même.

Avec de tels moyens d'action, et bien qu'ils soient encore trouvés insuffisants, puisque le comité voudrait obtenir 7000 livres sterling par an, il n'est pas étonnant de voir ces missions se répandre de tous côtés dans notre Algérie.

Cet argent recueilli ne reste pas un seul jour improductif, il est placé au fur et à mesure dans des banques donnant un intérêt spécial, et il est consacré presque uniquement à la propagande (1).

Le noviciat dans la maison de Linton Road est à peu près nul, ou plutôt il est fait sur place dans le poste africain qui est assigné et pour lequel on tient compte, si c'est possible, de la préférence qui aurait été exprimée. Un missionnaire qui ne serait pas marié ne pourrait être seul dans un centre de diaconesses. La femme d'un missionnaire, doit être missionnaire elle-même, et par conséquent doit être acceptée par le comité, qui de ce fait devient l'arbitre des mariages. On peut donc dire que les missionnaires se marient le plus souvent avec les diaconesses de Mild-May.

---

(1) A la maison de prédication qui se trouve à Alger au premier tournant Rovigo, où l'on prêche habituellement trois fois par semaine, on remet souvent jusqu'à 0 fr. 50 à chaque auditeur.

A une autre maison, rue Michelet, 44, à Mustapha-Alger, chaque fois que l'on prêche l'on donne des sous, des livres et des gâteaux.

En dehors, enfin, de la mission du nord de l'Afrique et de Mild-May, l'Angleterre possède encore en Algérie des missionnaires libres, femmes indépendantes, qui ne relèvent d'aucune mission et à qui leur position de fortune permet de donner satisfaction à leurs goûts. Elles opèrent où il leur plait, et entretiennent simplement des relations amicales, avec l'une ou avec l'autre mission. Mais lorsque Linton Road envoie un inspecteur, dans l'Algérie par exemple, tout ce qui dépend des missions et tout ce qui est indépendant, est convoqué aux réunions ; de plus, les indépendantes sont visitées comme les régulières.

L'impulsion est donc unique, ce qui, en somme, revient à dire que l'influence gouvernementale sait se faire sentir, aussi bien dans l'une que dans l'autre de ces missions et chez les indépendantes également. Ce n'est cependant pas une direction suivie que donne le gouvernement, encore moins des ordres, mais il indique des vues d'ensemble. Ceci concorde du reste parfaitement avec le tempéramment national, et ces *vues* sont plus ponctuellement suivies que ne le seraient des ordres, qui choqueraient l'esprit de liberté individuelle.

Les missions nient énergiquement l'ingérence gouvernementale et il se reproduit, à cet égard, la même petite comédie qu'en Perse, chez les fidèles du Babysme (1). Si l'on interroge, en effet, les Persans sur cette religion nouvelle, ils vous répondent invariablement que c'est une plaisanterie ; mais vivez familièrement avec eux, en quelques semaines ils arriveront à vous dire : « J'en suis. » Il en est ainsi des missions.

Mild-May, avons-nous dit, n'accepte que des femmes et la mission du nord de l'Afrique, bien qu'ouverte à tous indistinctement, est composée presque uniquement de femmes qui, de même que leurs collègues, portent le titre de diaconesses. L'exclusion pour ainsi dire tacite du sexe fort, pourrait paraître étrange de la part d'une mission qui se dit ouverte à tous, mais elle s'explique de la façon la plus naturelle.

Le nord de l'Afrique est un pays essentiellement musulman et, comme on le sait, la femme qui en ce pays est absolument illettrée, vit dans un état d'infériorité et de claustration à peu près complet. Les hommes ne peuvent pénétrer dans son inté-

---

(1) Mirza-Ali-Mahomet, surnommé Bab (qui signifie porte du ciel, de là le nom de Babysme), commença, à peine âgé de 19 ans, sa mission religieuse, vers 1843.

rieur, il n'y en a qu'un seul qui puisse le faire : le mari. Pour que les missions accomplissent leur œuvre, dit-on en Angleterre, il faut qu'elles atteignent la femme ; or, elles ne peuvent l'atteindre que par des femmes, d'où l'exclusion presque complète des hommes. Mais, pour quiconque connaît la société musulmane, ou plutôt le monde musulman, ce qui n'est pas du tout la même chose, il est permis de douter de l'efficacité du moyen employé, étant donné que l'influence de la femme est à peu près nulle. Avec un peu de perspicacité, il est visible qu'un tout autre but est poursuivi.

L'influence de la femme est peut-être le plus puissant levier de civilisation, aussi, voyons-nous partout où elle a existé, la civilisation naître, se développer et s'épanouir, dans tout son éclat. Mais, chez les peuples où l'influence de la femme est nulle, où la femme est regardée comme une chose, uniquement destinée à servir au plaisir de l'homme, c'est la barbarie ; il n'y a même pas un embryon de civilisation. Or, l'Arabe est réfractaire à la civilisation, parce qu'il est réfractaire au charme intellectuel de la femme.

Les Arabes attendent toujours le prophète qui doit grouper en un seul faisceau leurs forces éparses. Il serait bien plutôt à désirer, pour eux, que ce prophète lorsque enfin il arrivera, de même que Mahomet a tracé une ligne de conduite et donné des préceptes de morale et d'hygiène, donne à la femme la place qu'elle doit occuper. Il serait à désirer pour cela que, la relevant de son infériorité morale systématiquement entretenue, il lui fasse donner l'éducation, qui seule peut lui assurer la légitime influence qu'elle doit exercer, pour accomplir son œuvre de civilisation et de moralisation Est-ce à dire pour cela que la femme arabe souffre de son humiliante condition ? Erreur. Elle n'a jamais connu d'autres horizons, elle n'a jamais appris qu'à babiller, s'habiller et se déshabiller ; où donc y a-t-il place pour une souffrance morale ?

La femme arabe est un grand enfant, qui ne demande qu'à se développer, mais on le laisse avec intention sans culture intellectuelle, car les Arabes, dans leur indolence, redoutent de former un instrument, qui secouerait le joug bestial qui lui est imposé.

Les missions ne font cependant pas fausse route en s'adressant à la femme, car avec la femme se trouvent les enfants. Par la femme et les enfants, les diaconesses pénétrent dans l'intérieur de la maison arabe et, tout en paraissant viser naïvement la femme, elles arrivent à atteindre l'homme, qu'elles voient d'une façon plus intime, ce qui est souverainement ingénieux.

Lancées à travers le monde, les diaconesses, qui lors de leur départ de la mère patrie ont reçu le mot d'ordre, n'entretiennent avec Mild-May et Linton road qu'une correspondance peu suivie. C'est sur place que les renseignements sont centralisés, car, en dehors des inspecteurs envoyés de Londres, il y a toujours, dans chaque région principale, une personne âgée et de bon conseil avec qui la correspondance est plus active et qui va visiter, ou fait visiter par une déléguée, tous les postes de la région. De cette façon, tout ce qu'on hésite à écrire est dit de vive voix et tout est coordonné par le guide reconnu, qui non seulement exerce une grande influence, mais en même temps une véritable surveillance.

Tout ce qui doit être su en Angleterre l'est en temps opportun : extension des missions, conversions qui se sont produites, influences dont on dispose sur tel ou tel point, observations qui ont été recueillies, etc. Bref, rien n'est laissé dans l'ombre et les diaconesses sont des auxiliaires précieux, non seulement pour le triomphe de la religion protestante, mais aussi et surtout pour le triomphe de l'influence de la Grande-Bretagne. On ne peut que rendre hommage à leur zèle, à leurs talents, comme à leur vertu. Cette dernière, cependant, court quelquefois de fort grands risques, ainsi qu'il est arrivé à Birkadem, près d'Alger, à deux missionnaires libres. Il n'y a eu là, assurément, qu'un simple incident, mais de nature à donner un peu plus de prudence et de réserve à de jeunes femmes, que leur beauté peut quelquefois exposer à la médisance et que leur titre de missionnaire ne saurait suffire pour mettre à l'abri d'audacieuses tentatives.

Les centres d'opérations des missions anglicanes en Algérie sont fort nombreux, mais inégalement répartis dans les trois provinces. Le plus important de ces centres est Alger qui est la véritable capitale. Cette province possède d'autres établissements à Cherchell, à Akbou, à Djemmâ-Saharidj, à Azefoun et à Azazga. La province d'Oran possède des missions à Tlemcen, à Mascara et à Mostaganem. Dans la province de Constantine, il n'y qu'une seule mission, établie au chef-lieu même de la province.

Ces missions se relient : à l'ouest, à celles du Maroc établies à Tanger, Casablanca, Tétuan et Fez ; à l'est, avec les missions de Tunis et de Tripoli, qui se prolongent jusqu'en Égypte et en Arabie.

C'est dans la province d'Alger que les missions ont commencé à planter leur tente et, en dehors d'Alger même, qui renferme une foule de missionnaires, tant réguliers que libres, c'est en Kabylie que sont les postes les plus nombreux. Au mois de novembre 1881 deux pasteurs et deux diaconesses vinrent s'établir à Djemmâ-Saharidj, qui très rapidement devint le grand centre d'action de toute la région kabyle. De Djemmà-Saharidj, en effet, sont partis successivement tous les créateurs de postes secondaires. Une diaconesse, d'abord, est allée s'établir à Moknéa, commune mixte de Port-Gueydon, puis un pasteur, avec toute sa famille est allé jusqu'à Boghni, pour s'établir ensuite définitivement à Akbou, en août 1883. Les petits postes d'Azefoun et d'Azazga furent fondés un peu plus tard. Quant au poste de Cherchell, il n'a été établi qu'en 1886.

Dans la province d'Oran, des tentatives d'installation furent faites en 1876, mais ce n'est qu'en 1885 que l'on s'établit d'une façon définitive à Mostaganem. Mascara et Tlemcen reçurent successivement des missionnaires, et le poste de cette dernière ville devint rapidement le plus important.

Constantine fut doté d'une mission en 1886 et cette province semble avoir été un peu délaissée, car nous n'y voyons aucun autre poste.

En 1887, les missions prennent pied à Tunis et en 1889 à Tripoli.

Quant au Maroc, il fut visité en 1877 ; mais il n'y eut aucun poste régulièrement établi avant 1881, à Tanger. Les postes de Fez et de Casablanca furent fondés en 1885 et celui de Tétuan a été créé le dernier, en 1888.

Il n'a pas été donné la même extension à tous ces établissements ; ils sont loin d'avoir tous la même importance.

En Algérie, en dehors d'Alger, le poste le plus considérable pendant quelques années a été Tlemcen. Mais la Kabylie a bien vite exercé une séduction puissante sur les missions ; c'est elle qui est devenue l'objectif principal, c'est elle qui a les établissements les plus nombreux. En effet, dans ce pays tout petit, mais si pittoresque, si fertile et où la population est si dense, il n'y a pas moins de quatre établissements. Au mois de juin dernier, les diaconesses cherchaient à en établir encore deux autres, l'un à Fort-National, l'autre dans la tribu des Beni-Yenni, au village d'Aït-l'Hassen qui, après Djemmâ-Saharidj, est le village le plus populeux de la Kabylie, très renommé par ses fabrications d'armes et de bijoux indigènes.

Au mois de juillet dernier, la composition de chaque poste de l'Algérie était la suivante (1) :

PROVINCE D'ORAN

Tlemcen : 5 diaconesses et 1 pasteur.
Mascara : 1 pasteur.
Mostaganem : 1 diaconesse et 1 pasteur.

PROVINCE D'ALGER

Alger : 6 diaconesses, 3 pasteurs et plus de 14 missionnaires libres.
Birkadem : 2 missionnaires libres.
Cherchell : 2 diaconesses.
Djemmâ-Saharidj : 5 diaconesses et 1 pasteur. ⎫
Akbou : 1 diaconesse et 1 pasteur. ⎬ Kabylie.
Azefoun (2) : 2 diaconesses. ⎪
Azazga : 2 diaconesses. ⎭

PROVINCE DE CONSTANTINE

Constantine : 3 diaconesses.

Comme c'est en Kabylie que s'est porté le principal effort des missions, nous donnerons un aperçu du poste de Djemmâ-Saharidj, parfaitement installé dans un site ravissant et qui est considéré comme le plus important de la région. Mais auparavant, il est intéressant de faire une incursion au Maroc et en Tunisie.

En dehors de l'Algérie, c'est au Maroc que l'effort des missions anglaises est le plus considérable. Dans les quatre postes qui y sont installés, il n'y a pas moins de sept pasteurs et de vingt et une diaconesses, sans compter les missionnaires libres. La ville de Tanger, à elle seule, possède quatre pasteurs et onze diaconesses.

(1) Dès le mois d'août et jusqu'au mois d'octobre ou même de novembre, cette composition est modifiée, par suite du départ des diaconesses pour Alger ou l'Angleterre, où elles vont passer la fin de l'été et le commencement de l'automne.

(2) Le nouveau nom est Port-Gueydon.

La Tunisie est encore peu travaillée, bien qu'elle commence à être parcourue. Il n'y a, pour le moment, aucun poste en dehors de celui de Tunis, qui comporte deux pasteurs et huit diaconesses. Quant à la Tripolitaine, ce pays est considéré comme tellement insignifiant actuellement, qu'il n'y a que deux pasteurs et deux diaconesses, à Tripoli.

Insister, serait amoindrir l'éloquence de ces chiffres.

Il importe toutefois de remarquer combien le terrain avait été préparé au Maroc, pour la mission de sir Evan Smith. C'est en effet toujours la même manière de procéder et qui est fort simple : Des missionnaires d'abord, une action diplomatique ensuite, enfin des soldats, dès que l'occasion est propice. L'échec de sir Evan Smith est considéré comme très réparable. Il est incontestable qu'il peut l'être, car l'action des missions a redoublé d'intensité et elle préparera ainsi les voies pour une nouvelle action diplomatique. Cette action aura alors toutes chances d'aboutir, si d'ici là, une action parallèle et possible ne parvient pas à produire un changement radical de situation. Il y a en effet une marche à suivre, qui est tout indiquée. Le Gouvernement s'y est engagé depuis peu, tâchant ainsi de réparer les fautes qui avaient été précédemment commises et qui avaient donné le champ libre aux autres nations.

Le Maroc est le pays le plus accessible, peut-être, aux influences étrangères, mais aussi le pays où il est le plus difficile de maintenir son influence, autrement que d'une façon tout à fait superficielle, pour ne pas dire illusoire. Le sultan lui-même voit à chaque instant son autorité méconnue, il ne l'exerce du reste que nominalement et ne peut l'exercer en réalité, que là où il se trouve escorté de ses troupes.

Le véritable souverain du pays, c'est le shérif d'Ouazan. C'est lui, qui grand chef religieux, exerce l'autorité la moins incontestée, lui qui, seul, a le pouvoir d'imposer une volonté. Une expédition au Maroc, même à Figuig seulement, et quand même elle serait peu dispendieuse, serait, de la part du Gouvernement, l'entreprise la plus stérile, car elle n'aboutirait à aucun autre résultat pratique, que le sacrifice inutile de milliers d'existences précieuses à la patrie.

Au mois de mai dernier, l'on s'est assez bien rendu compte de la situation, et l'on a reçu en Algérie, avec les plus grands honneurs, le shérif d'Ouazan qui, depuis de nombreuses années, était déshabitué de pareils égards, lorsqu'il allait voir son second fils, qui fait ses études au lycée d'Alger.

C'est à l'ouest de l'Algérie, avons-nous dit, que porte l'effort principal des missions. A l'est, cependant, cet effort n'est pas réduit à l'état de quantité négligeable et si la Tunisie est beaucoup moins travaillée que le Maroc, pour le moment, il ne s'ensuit pas pour cela, qu'elle soit laissée à l'écart.

Il se passe en Tunisie quelque chose d'assez bizarre. Il y a, en effet, chez les missions anglaises, une sympathie profonde pour l'élément italien et une tendance très marquée, de leur part, à une union intime avec lui, union qui n'est certainement pas destinée à accroître l'influence française. Elle aurait même pu la saper et arriver à la détruire, pour devenir elle-même l'influence prépondérante. Mais un homme s'est trouvé, véritable missionnaire, dans toute la belle, la large, la noble acception du mot, qui en temps utile, s'est interposé. Il l'a fait avec toute la grande autorité que lui donnent son caractère, son âge, sa dignité cardinalice, les services de toute nature qu'il a rendus à son pays, à la religion, à la civilisation.

Cet homme éminent, ce saint prélat, ce grand patriote, dont la caractéristique est la volonté, servie par une magnifique intelligence et un merveilleux bon sens, peut dès maintenant être proposé à l'admiration des générations présentes et futures. Nulle crainte qu'aucun incident ne vienne flétrir ses cheveux blancs, ne vienne ternir une popularité méritée par toute une vie de labeur, de sacrifices et de services rendus. Cet homme illustre, S. E. le cardinal Lavigerie (1) a rendu à la France, en Tunisie, le service le plus capital, et lui seul avait l'autorité nécessaire, le pouvoir suffisant pour le faire.

La Tunisie et Tunis en particulier étaient la proie des moines italiens, moines beaucoup plus fanatiques que leurs compatriotes, sachant exploiter en virtuoses la vanité ainsi que les préjugés des masses et surtout la crédulité humaine. Le tout, bien entendu, au détriment de l'influence française.

Qu'il soit dit, en passant, que si les Italiens nous sont hostiles en Afrique, ce serait une erreur profonde de croire que, chez eux, dans leur pays, l'on y trouve dans le peuple et surtout dans la société, la moindre hostilité à l'égard de la

(1) Mort le 26 novembre 1892.

France. Il ne faut pas déduire de certains faits particuliers, fomentés par une politique hostile, l'hostilité d'une nation. Il faut faire justice de cette erreur de l'antagonisme italien et de cette inimitié, purement factices. Le Français est sympathique, très sympathique à l'Italien ; ce n'est qu'à fleur de peau qu'existe l'hostilité, et encore ? dans tous les cas elle n'est pas au fond du cœur (1). Mais, à l'étranger, et principalement en Afrique, il n'en est plus de même. La rivalité nationale, la rivalité des intérêts, soigneusement entretenue par la politique actuelle, porte ses fruits et elle éclate tout naturellement. La faute en est à la direction gouvernementale italienne, au chef du ministère, à ses vues antinationales ; car il faut être frappé de cécité, pour ne pas comprendre les avantages incontestables que présenterait l'union des races latines (2).

Les moines italiens, favorisant donc les vues gouvernementales, étaient un véritable foyer de troubles, un véritable foyer insurectionnel. Il ne pouvait être supprimé, il fallait se contenter de le surveiller et... le subir.

Un seul homme pouvait nous débarrasser de cette tunique de Nessus, c'était le cardinal. — Il l'a fait. — Tous les couvents ont été évacués par les moines italiens, qui ont été remplacés par des religieux français au cœur chaud et tout vibrant de patriotisme.

Dès qu'un prêtre français est transporté aux colonies, il devient un apôtre et nul, plus que lui, ne rend de plus signalés services à la patrie et à la civilisation, surtout dans les ordres militants. Hommage et hommage complet leur a été du reste rendu au Tonkin par Paul Bert lui-même, qui savait sacrifier ses préjugés et ses antipathies, au sentiment de la justice et à la grandeur nationale.

Les diaconesses, elles aussi, sont des missionnaires admira-

(1) Ces lignes, écrites avant les fêtes de Gênes, donnent pleinement raison à l'appréciation qu'elles contiennent. Les démonstrations signifient généralement peu de chose, elles sont ce qu'on veut les faire. Mais s'il y a abstention de direction, la spontanéité reprend alors ses droits. Il est certain que la démonstration populaire qui s'est produite à Gênes a été la traduction fidèle du sentiment national. L'attitude du roi et de son gouvernement prouve, de plus, que cette fois ils ont été en communauté d'idées parfaite avec la population, dont ils ont peut-être même un peu subi l'influence. (Décembre.)

(2) Tout le monde sait que la Triple Alliance est ruineuse pour les parties contractantes, mais elle est ruineuse et écrasante surtout pour l'Italie où l'on paye en moyenne 53 p. 100 de son revenu, comme impôts!

bles nous l'avons dit ; elles veulent faire connaître et chérir leur pays, c'est leur droit ; — elles veulent, agissant au nom de la civilisation, reculer ses bornes à l'infini et, s'imposant au nom du vrai Dieu, le faire adorer par les masses ignorantes ou hérétiques ! C'est fort bien ! Mais pourquoi se gardent-elles de dépasser, en Afrique, les limites du Tell ? Pourquoi se gardent-elles, ainsi que les pasteurs, de pénétrer dans les régions torrides, au nom de leurs principes de civilisation, de religion, de moralisation ? Nos frères pionniers du désert (1), dont nous devons être fiers, n'hésitent pas à le faire, sachant presque toujours que la mort est là, qui les guette, qui les attend à brève échéance.

Au mois de juin, un de ces admirables désabusés de la vie nous disait à Biskra : « Lorsqu'on nous envoie dans le désert créer une oasis avec rien et pour cela appeler à nous les noirs dont nous venons briser l'esclavage, le sacrifice de notre vie est fait ; nous savons que nous ne reviendrons pas, que nos jours sont comptés. Pour vivre dans ces régions, sous ce climat de feu, il faut avoir du sang nègre dans les veines, un Européen, quel qu'il soit, ne vivant du reste que de dattes et de lait, ne peut s'acclimater ; pour lui c'est la mort, certaine, sans aléa. » Le frère qui faisait cette profession de foi avait une belle tête de Christ et son visage, où les chagrins avaient marqué leur empreinte, reflétait la sérénité d'une âme pure, que seules donnent la paix intérieure et la satisfaction du devoir accompli. Elle avait déjà l'auréole du martyr, cette « belle âme masquée de marbre », selon l'expression d'Hugo.

C'est le lot de belles âmes, en effet, que le sacrifice. A force d'énergie et de volonté elles savent asservir la fortune, agrandir le champ du travail, et le chemin de la civilisation est rouge du sang de tous ces humbles martyrs de la foi et du patriotisme. Rendons hommage, en passant, à ces serviteurs passionnés de la religion et de la Patrie. — *Sta viator.* — Comme le gladiateur romain, ou les chrétiens condamnés aux bêtes, ils disent, en élevant leurs regards vers le ciel au lieu de le tourner vers César : « *Morituri te salutant* », et ils partent, simplement, coura-

----

(1) Appelés aussi : frères armés du Sahara.

Dans cette admirable création du cardinal Lavigerie, dont le siège est à Biskra, aucun engagement perpétuel n'est admis et il n'est prononcé d'autres vœux que ceux de chasteté et de pauvreté. L'engagement est de cinq ans et indéfiniment renouvelable.

geusement, accomplissant jusqu'au bout leur devoir, dans le sillon qui leur a été tracé.

Il serait souverainement injuste de dénier le dévouement et l'abnégation aux diaconesses. Elles possèdent surtout la persévérance et la résolution au suprême degré, la résolution que Franklin plaçait, avec le travail, au nombre des treize vertus primordiales (1). Quant à avoir le désintéressement de nos religieuses, c'est une autre affaire. Mais elles ont peut-être, en revanche, le sens pratique plus complet, qui ne se développe guère que si de bonne heure l'on est aux prises avec les difficultés de la vie ou avec l'adversité. Cela découle tout naturellement de la différence de l'éducation, différence déjà signalée.

Revenons à présent aux établissements de la Kabylie et à son poste la plus important, celui de Djemmâ-Saharidj.

Emergeant de la chaîne des montagnes, on aperçoit un immense piton de verdure. Le sommet paraît être enveloppé d'un énorme capuchon grisâtre, qui n'est autre chose que l'agglomération d'une multitude de petites masures. Tel est le village de Djemmâ-Saharidj, qui couronne une crête comme la plupart des villages kabyles. Un peu en dehors du village, presque à flanc de coteau, s'élève la maison des diaconesses au milieu d'un demi-hectare environ de terrain, qui en dépend. Cette construction, de genre arabe (le seul qui soit pratique dans ces régions) mais comportant tout le confort anglais, est une vaste maison carrée, dont le centre forme une cour de six à sept mètres de côté, imitant les cours mauresques, avec ciel ouvert. Sur les côtés sont les appartements ; à droite ceux du pasteur et de sa famille, à gauche celui des diaconesses et la classe. De la maison, entourée d'une vérandah, on a une vue superbe d'étendue sur l'Oued-Sebaou d'une part, et de l'autre sur le col d'Iril-Mani, qui laisse arriver la brise de mer.

Voyons maintenant la mission à l'œuvre et distinguons, si c'est possible, deux choses : la religion et l'instruction ; cette seconde servant de prétexte à l'enseignement et à la propagande de la première.

Au point de vue religieux, les diaconesses ne reculent devant aucun obstacle et, en femmes ardentes, éprises d'idéal,

---

(1) Les treize vertus recommandées par Franklin sont : la tempérance, le silence, l'ordre, la résolution, l'économie, le travail, la sincérité, la justice, la modération, la propreté, la tranquilité, la chasteté et l'humilité.

embrasées par la divine parole du maître, elles partent à la conquête des âmes, *per fas et nefas,* avec toute l'ardeur de leur cœur et de leur imagination. Elles y mettent peut-être même trop d'ardeur, ce qui nuit à leur succès. Lorsqu'on s'adresse à un peuple fanatique lui-même, il faut au moins le savoir, posséder une connaissance approfondie de ses mœurs, de ses usages, de son caractère, et agir en conséquence.

Avec un dévouement admirable, le pasteur et les diaconesses, ne reculant pas même devant une mise en scène d'un autre âge, n'ont pas hésité, au début de leur installation à Djemmâ-Saharidj, à se produire au moins une fois par semaine sur la place publique. Nouveaux troubadours pèlerins, remplaçant la besace et le bourdon par un orgue et un accordéon, ils chantaient des cantiques en s'accompagnant de leurs instruments.

Charmés par ces flots d'harmonie, inconnus jusqu'alors dans les montagnes, les Kabyles accouraient. Le but était atteint. Alors commençait une prédication en kabyle, car diaconesses et pasteurs connaissent parfaitement, non seulement l'arabe, mais aussi ce dialecte (1). Il y a quelques années, du reste, un pasteur a traduit la Bible en kabyle, et les missionnaires ne se servent jamais d'un autre langage pour parler aux indigènes.

Les Kabyles, auditeurs peu attentifs, frappés surtout de l'exhibition publique de jeunes femmes, si contraire à leurs mœurs et à leurs usages, cherchaient à comprendre. La prédication terminée, ils étaient de nouveau sous le charme des chants et de la musique des diaconesses, que leur esprit paresseux n'avait encore rien su débrouiller, des mots seuls ayant frappé leurs oreilles, sans qu'aucune idée ait pénétré jusqu'à leur intelligence. Si le but proposé avait été uniquement d'avoir des auditeurs, il eût été atteint, mais le but principal était d'obtenir des résultats ; or, ce but était totalement manqué.

Le maire de Mékla prit bientôt un arrêté pour interdire ces représentations musicales. On plia l'orgue qui faisait les délices des indigènes et l'on se borna à une simple prédication, sans se rendre compte que l'effet était toujours le même, effet désas-

(1) Au début, on se servait d'interprètes qui traduisaient mot à mot les instructions. Un d'entre eux notamment, Amar-n'ait-Ali, a gagné à ce métier beaucoup d'argent.

treux, ne résultant pas tant de la menace de l'enfer pour quiconque ne se convertirait pas au protestantisme, que résultant de la présence des jeunes diaconesses (1).

Devant leur insuccès à Djemmâ-Saharidj, les missionnaires essayèrent d'un autre centre et allèrent au plus profond de la Kabylie, à Michelet, avec l'orgue et l'accordéon. Même succès de curiosité ; même insuccès au point de vue des résultats. Le moyen était donc décidément mauvais ; il fut condamné.

Un peu à contre-cœur, on se résigna à employer des moyens moins bruyants, moins éclatants, mais plus sûrs, pour obtenir la conversion des infidèles.

C'est alors que le rôle de la femme reprend toute sa valeur.

Renonçant donc à la conversion en bloc, on chercha à l'obtenir partiellement et les diaconesses pénétrèrent dans les intérieurs musulmans, visitant les malades dans leurs pauvres gourbis, portant des secours aux nécessiteux, portant à tous la parole de Dieu. Mais lorsqu'on se sent une prédilection marquée, peut-on s'en affranchir complètement ? Les prédications sur la place publique ayant échoué, on chercha à les reprendre d'une autre façon, conjointement avec les visites ; on les reprit au siège même de l'œuvre. C'était déjà mieux, en ce sens que l'effet désastreux de l'exhibition publique des jeunes diaconesses était supprimé ; mais ce n'était pas encore parfait, car il fallait attirer les auditeurs que les sons de l'accordéon ne venaient plus arracher à leur torpeur et faire sortir de leurs gourbis.

Dans leur zèle de conversion, les diaconesses eurent une idée géniale. Elles terminèrent leur prédication, dans leur salle de conférences, par une distribution de secours et un petit lunch, consistant en une tasse de thé avec des gâteaux. Cette fois, l'on possédait le véritable talisman, composé de l'intérêt et de la gourmandise. Dès ce moment, les prédications eurent beaucoup de succès et c'est alors que, pour le compléter, on songea à faire un peu d'instruction.

L'ancien prêche sur la place publique fut remplacé par l'école du dimanche, faite habituellement par le pasteur et où furent admis tous les jeunes gens des deux sexes, ainsi que les hommes. Il y eut ensuite un cours d'adultes, bientôt suivi par

---

(1) Djemmâ-Saharidj, malgré toute son importance, n'a pas été érigé en commune et dépend de Mékla qui, depuis 1887, est une commune de plein exercice.

une quarantaine d'élèves et fait indifféremment par le pasteur ou par une diaconesse, le soir d'habitude. Enfin, quatre fois par semaine, il y eut la classe pour tous les enfants réunis (1). On apprit à coudre aux petites filles, à lire et à écrire en kabyle et en français à tous, entremêlant cet enseignement d'une instruction religieuse pour ainsi dire en déshabillé, causant avec les uns, avec les autres, et terminant le travail par des chants de cantiques traduits en dialecte kabyle. Toutes ces réunions furent invariablement terminées, très souvent, par une distribution de secours, toujours par un lunch.

Dans de telles conditions, le succès était assuré, ce n'était qu'une affaire de temps et, comme nous l'avons dit au début de cette étude, les diaconesses sont admirables de persévérance et de volonté.

Il y a peu de temps, un homme des plus distingués (2) nous disait : « Le pasteur et les diaconesses sont parvenus, par leurs libéralités et leur savoir-faire, à s'attirer l'estime et la confiance du village de Djemmâ-Saharidj, le plus civilisé et le plus grand village de la Kabylie. » De la part d'un homme impartial, mais qui comme prêtre catholique ne peut cependant pas voir d'un œil favorable le succès des représentants d'une religion opposée, cet aveu est un éloge.

Mais, en toutes choses, il faut savoir se borner. Les diaconesses voulaient réussir ; leurs efforts ont été couronnés de succès. Seulement, emportées par leur zèle religieux et leur patriotisme, elles ont un peu trop forcé la note et se sont attiré la mesure qui les a frappées au mois d'août.

Leur propagande, en effet, ne se bornait pas à Djemmâ-Saharidj (3), elle s'étendait à toutes les tribus environnantes, s'exerçant non seulement à domicile, mais sur la route, dans les sentiers, dans les champs, pour se terminer (comme l'on cède volontiers à son péché favori !) sur la place publique.

---

(1) Cette école ayant attiré l'attention du maire, le garde champêtre fut envoyé pour en chasser les enfants. Ce balayage eut lieu à diverses reprises, mais, à la fin du mois de juin dernier, nous avons constaté que les enfants revenaient comme par le passé et que la prescription du maire était restée à l'état de lettre morte.

(2) M. l'abbé Dubourg, curé de Mékla.

(3) A Djemmâ-Saharidj, les diaconesses, non contentes de vouloir convertir les Kabyles, s'adressèrent également aux colons et, il y a trois ans, une chapelle anglicane fut ouverte pour eux. Elles s'adressèrent même, dans leur zèle, à nos religieuses, les sœurs blanches, qu'elles voulurent convertir ! Les colons étant très réfractaires à l'enseignement religieux, la chapelle a été fermée il y a plus d'un an.

En France, ainsi qu'on le sait, il est interdit aux divers membres du clergé, comme aux religieuses, de faire de la propagande et de parler publiquement religion en dehors des édifices consacrés au culte. Cette prescription est sage, surtout en Algérie. Nos missionnaires l'observent strictement (1) mais les diaconesses n'ont pas craint de la méconnaître et partout, en tous lieux, elles ont parlé de leur religion en toute liberté, adjurant les indigènes d'abandonner la leur, s'ils ne voulaient être perdus et brûler en enfer.

Leur bon sens habituel leur a fait défaut, en ne comprenant pas les dangers d'une agitation religieuse dans un milieu aussi fanatique que le milieu musulman et le pays kabyle en particulier. Mais ne l'ont-elles pas compris ? et comment n'ont-elles pas compris également que, par leurs continuelles obsessions, elles ennuyaient les Kabyles, qui, pareils à l'âne de Buridan, n'écoutaient que pour laisser sortir ensuite par une oreille, ce qui venait à peine d'entrer par l'autre. Toujours est-il que, sans les cadeaux fort nombreux qu'elles faisaient, en habits, gandouras (2), jouets, gâteaux, argent même, il se serait depuis longtemps produit des réclamations.

Au mois de juin, beaucoup de Kabyles nous ont dit, dans leur langage naïf : « Toujours les demoiselles dire aux Kabyles Mahomet n'être pas bon, la religion des Français pas bonne, la leur seule bonne. Pas *bono* (3) ce qu'elles disent là, etc. »

Enfin le fanatisme des diaconesses, dépassant toutes limites,

---

(1) La Commission sénatoriale des Dix-Huit a rendu complètement justice à nos Pères blancs « qui s'abstiennent rigoureusement de toute propagande religieuse ». (Rapport au Sénat de M. Combes, sénateur, session 1892, page 93.)

M. Jules Ferry, président de cette commission, rappelle également, dans son interrogatoire de M. Jeanmaire, recteur d'Alger, que les Pères blancs lui répondirent : « Si nous faisions du prosélytisme, le cardinal Lavigerie fermerait notre établissement. » (Séance du vendredi 12 juin 1891, de la Commission d'étude des questions algériennes.)

Les missions protestantes anglaises sont, pour ainsi dire, restées ignorées de la commission qui, dans son voyage en Algérie au mois de mai dernier, les a frôlées, mais non dévoilées. M. le sénateur Combes, dans son rapport, se borne en effet à dire : « Qu'il y aurait sujet pour nous de prendre quelques précautions contre les agissements des missionnaires étrangers, anglais et suisses, membres de l'armée du Salut et intermédiaires entre l'Angleterre et la Kabylie. » — C'est surtout l'exercice (pourtant bien restreint) de la médecine qui a été visé et un peu l'instruction ; le reste est passé inaperçu malgré son importance capitale. Les missions suisses sont numériquement insignifiantes (ainsi que ce qui fait partie de l'armée du Salut) et, dans tous les cas, ne font aucune propagande politique, ne se livrent à aucune observation spéciale et se bornent à une très bénigne propagande religieuse.

(2) Chemises.

(3) *Bono* veut dire bien.

les a conduites à propos de religion, à l'explosion des plus fâcheux sentiments à notre égard. C'est ainsi qu'après nous avoir dépeint aux Kabyles, tantôt comme des idolâtres, tantôt comme des infidèles, des sans-Dieu *(sic)*, méprisant toute religion, ce qui est bien fait pour nous faire exécrer des Kabyles qui sont foncièrement religieux, elles ajoutent que nous sommes méchants, que nous ne ferons jamais rien pour leur bonheur, que s'ils souffrent nous en sommes la cause, que n'ayant pas le sou *(sic)* nous ne pourrons jamais les secourir efficacement, etc. A la suite de ces véritables Philippiques, vient naturellement l'éloge de l'Angleterre, ce pays où l'on est religieux, où on les aime (1), où il y a beaucoup d'argent, où l'on s'intéresserait encore bien plus à eux, si... etc. Pour terminer c'est toujours le boniment du charlatan, c'est-à-dire que les Anglais seuls ont la vraie religion, religion que le musulman doit embrasser s'il ne veut être perdu, brûler en enfer, etc.

Telles sont les exagérations de langage auxquelles les diaconesses, dans leur zèle, ne craignent pas de se livrer, emportées par le fanatisme religieux et le fanatisme du prosélytisme, tout cela sous l'œil paterne d'une administration indigente de prévoyance.

Ce même zèle leur fait également commettre des excès dans leur classe (2), où elles enseignent le français aux enfants kabyles des deux sexes (3).

Au mois de mai dernier, un sénateur (4) étant venu visiter l'école française de Djemmâ-Saharidj, voulut savoir ce qu'enseignaient les diaconesses. Le recteur de l'Académie d'Alger (5), qui l'accompagnait, envoya un petit Kabyle pour leur demander un ou deux cahiers, avec mission de dire qu'un membre du Parlement, étant de passage, serait heureux de constater les progrès de leurs élèves. Les diaconesses refusèrent péremptoirement de donner aucun cahier. A la suite de plusieurs autres faits, un

---

(1) Beaucoup de Kabyles sont attirés en Angleterre pendant l'été et les diaconesses ne reculent devant aucun sacrifice pour les aider à y vivre, les aider dans leur commerce et leur aplanir toutes les difficultés.

Elles poussent même l'esprit de sacrifice jusqu'au mariage ; l'une d'elles, en effet, a épousé un Kabyle.

(2) Classe qu'elles ont ouverte sans autorisation.

(3) Cette réunion des deux sexes, dans la même classe, constitue une seconde infraction à la loi scolaire.

(4) M. Combes, membre de la commission des Dix-huit.

(5) M. Jeanmaire.

inspecteur primaire fut délégué pour faire une enquête dans les établissements anglais et le refus des diaconesses fut aussitôt expliqué. Il y avait, en effet, sur bon nombre de cahiers des jeunes Kabyles, des phrases comme celle-ci : « Qu'ils étaient impatients de devenir grands pour se faire naturaliser Anglais... etc. »

Tout commentaire est superflu.

De tout ceci il découle que les missions anglaises font une œuvre désastreuse pour la France. Leur prosélytisme religieux est de nature, dans ce pays fanatique à l'excès, à faire éclore une insurrection d'un jour à l'autre, et leur enseignement classique, non surveillé par l'État, puisqu'il se donne en violation flagrante de la loi scolaire, est de nature à exciter toutes les haines à notre égard (1).

Voilà dépasser la mesure et ce qui ne peut se tolérer. Les Anglais, du reste, ne le toléreraient certainement dans aucune de leur colonie.

Instruit de ces faits, aussi nombreux que caractéristiques et de bien d'autres encore (2), le Gouvernement n'a pas hésité à faire écrire en juillet, au chef du Foreign Office, par M. Wadding-ton, notre ambassadeur à Londres, la lettre suivante :

J'ai été chargé par mon gouvernement de vous exposer les faits qui l'ont amené à désirer que les missions de Londres fussent invitées à s'abstenir désormais d'être représentées dans notre colonie.

C'est en vue de prévenir des troubles qui surgissent trop souvent en pays musulman et qui ont pour conséquence des agitations religieuses que mon gouvernement a interdit toute espèce de prosélytisme de cette nature, même à nos propres nationaux.

Permettez-moi, monsieur le marquis (3), de vous rappeler ces graves motifs qui nous obligent à nous opposer d'une manière absolue au développement de toute propagande religieuse en Algérie.

Cette règle générale que nous avons imposée à nos nationaux ne saurait, vous le comprendrez, souffrir d'exception en ce qui concerne les étrangers.

Nous espérons donc que les sociétés anglaises des missions prendront elles-mêmes le parti de rappeler leurs représentants et nous éviteront la pénible nécessité où nous nous trouverions de leur prescrire nous-mêmes de s'éloigner de notre territoire.

---

(1) Il ne faut donc pas s'étonner si les enfants, leurs élèves, croient leur être agréables en insultant les Français, comme cela s'est produit à diverses reprises, et notamment le 11 février 1892, ce qui a motivé un rapport au gouverneur de l'Algérie.

(2) Un rapport spécial a été adressé au mois de juin au ministre de la guerre.

(3) Lord Salisbury.

Cette lettre, et surtout sa mise à exécution, a provoqué une explosion de haine.

Le dimanche qui suivit la connaissance de cette note officielle de mise en demeure d'avoir à se retirer (au mois d'août), les diaconesses de Djemmâ-Saharidj réunirent tout le ban et l'arrière-ban kabyle et, selon la pittoresque expression d'un témoin, « firent la prière ». Chez les Kabyles, *faire la prière* signifie prêcher la guerre sainte. C'était, en effet, un véritable discours de déclaration de guerre qui fut prononcé.

Notre impiété et nos vices furent hautement dénoncés, notre manque de pitié pour les indigènes fut flétri et notre misère financière fut proclamée ! A cela il faut ajouter quelques autres menaces et fanfaronnades (1).

Après cette dernière philippique, les diaconesses sont parties, comme elles le font chaque année, pour Alger et l'Angleterre où elles achèvent de passer l'été et demeurent une partie de l'automne.

Sans doute, nous rendons un hommage complet, absolu, au dévouement, au patriotisme, à l'esprit de charité des diaconesses, mais nous estimons qu'elles sont mieux ailleurs que dans nos colonies.

Socrate, interrogé un jour par un de ses disciples, sur la patrie qu'il préférerait, répondit cette admirable parole : « Je suis citoyen du monde. » Cette haute philosophie est magnifique et certes la civilisation, nous aimons à le croire, n'a pas décliné depuis cette époque lointaine, mais en fait de colonies, nous avons nos instruments, répudions les instruments étrangers.

Le champ de la science et des connaissances à acquérir est infini ; mais les limites de l'intelligence, quelques vastes qu'elles puissent être, sont étroites. De même, les frontières au point de vue philosophique n'existent pas, mais, au point de vue des intérêts nationaux elles s'imposent. Ce serait une aberration insensée que de ne pas les maintenir strictement, quand il

_____

(1) Telles sont ces paroles : « Nous nous défendrons et nous resterons malgré tout. — Nous partons aujourd'hui, mais nous reviendrons lorsque l'Algérie sera à nous. »

Toutes ces paroles signifient peu de choses en elles-mêmes, mais elles sont l'indice d'un état d'esprit, d'une tendance, d'une situation qu'il est utile de signaler, car elles indiquent bien nettement le but poursuivi par les diaconesses et les missionnaires.

Le Gouvernement a été informé par un rapport spécial en date du 5 décembre.

s'agit de nos colonies et que nous voyons ce que se permettent d'y faire les étrangers.

Lamothe, septembre 1892.

P. S. — Les mesures annoncées dans l'ultimatum de notre ambassadeur à Londres sont restées à l'état de lettre morte. Les missions anglaises sont parties au mois d'août des différents postes qu'elles occupent en Algérie en dehors du littoral, mais elles n'en sont parties que comme elles le font chaque année, au moment des grandes chaleurs et affirmant qu'elles reviendraient, que leur consul « arrangerait les choses ».

Ces missions se sont partout réinstallées comme d'habitude, à la fin du mois d'octobre et au mois de novembre, et, à part l'instruction dont elles s'abstiennent *pour le moment*, elles continuent leur œuvre contre la France avec plus d'intensité que jamais. Cette œuvre continuera dans l'ombre, voire même à ciel ouvert, tant en Algérie qu'en Tunisie (surtout à présent que la mort du cardinal Lavigerie leur rend toute leur audace), aussi longtemps qu'il ne sera pas pris, à leur égard, une mesure radicale d'expulsion.

Le gouvernement ayant refusé de soutenir les frères dans le Sahara, se basant sur de chimériques craintes de complications diplomatiques, le Cardinal s'est vu, comme Clément XIV pour les Jésuites, dans l'obligation de les licencier. — C'est le 23 novembre, peu de jours avant sa mort, qu'il a prononcé la dissolution de ces vaillants, dont la grande majorité s'est retirée chez les Pères Blancs, à Maison-Carrée, près d'Alger. Il ne reste plus actuellement qu'une dizaine de frères à l'établissement de Biskra.

(Décembre.)